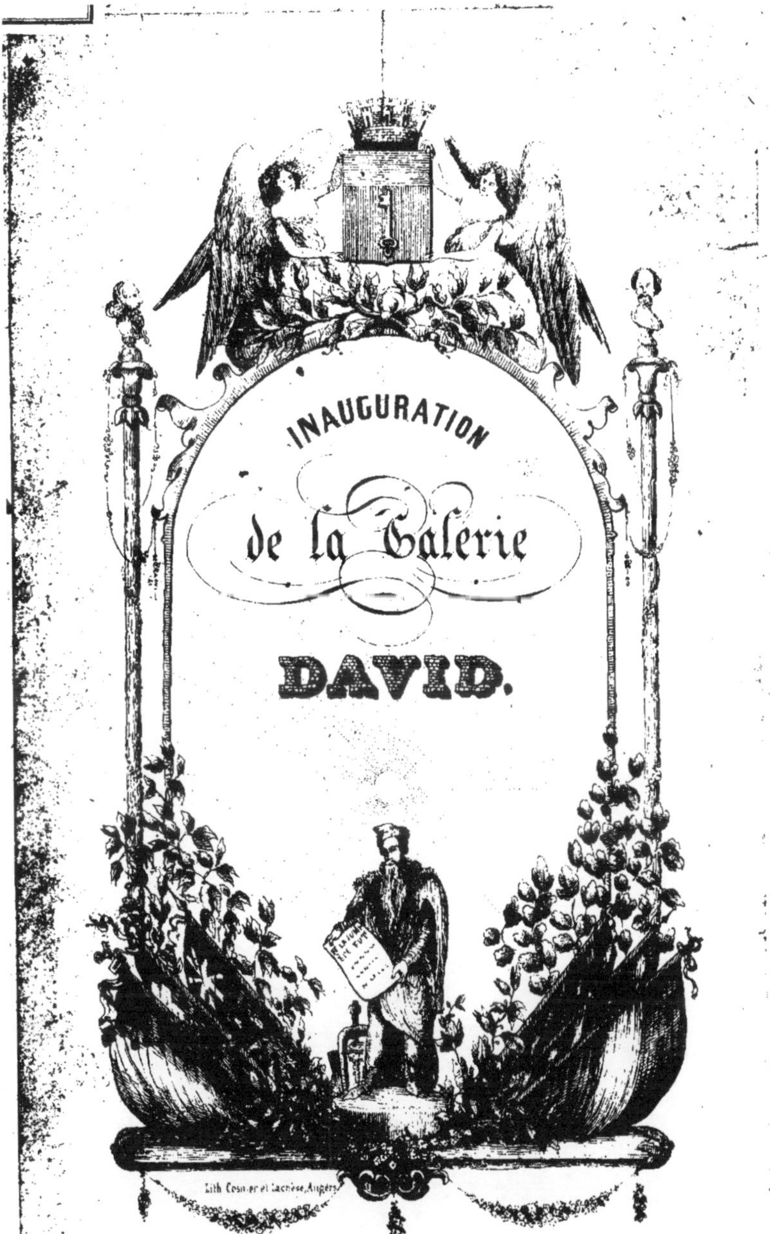

INAUGURATION

de la Galerie

DAVID.

Lith. Cosnier et Lachèse, Angers.

DISCOURS

SUR

L'INAUGURATION DE LA GALERIE DAVID.

ANGERS, IMPRIMERIE DE V. PAVIE.

DISCOURS

SUR L'INAUGURATION

DE LA GALERIE DAVID

AU MUSÉUM D'ANGERS.

Le 17 novembre 1839;

Par le Docteur **HUNAULT.**

MEMBRE DE LA SOCIÉTÉ D'AGRICULTURE, SCIENCES ET ARTS DE CETTE VILLE.

David, honneur à toi que nos murs ont vu naître...
A toi notre cité... toujours reconnaissante...

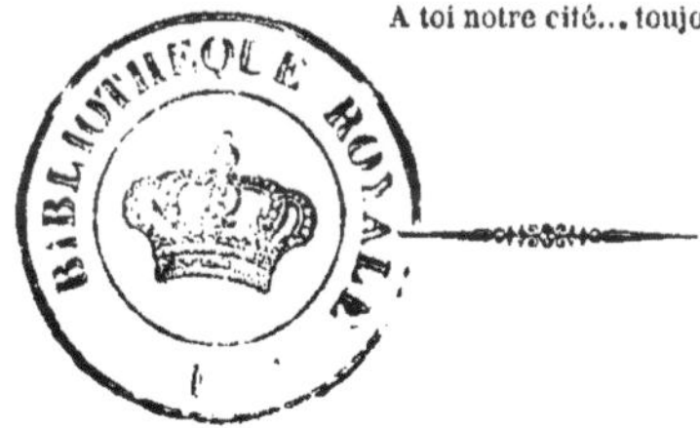

PARIS,
CHEZ DERACHE, LIBRAIRIE DÉPARTEMENTALE, RUE DU BOULOI, N. 7.

ANGERS,
CHEZ VICTOR PAVIE, IMPRIMEUR, RUE SAINT-LAUD.

Angers, décembre 1840.

Nous avons cru devoir publier le discours ci-joint, d'abord comme gage envers l'artiste qu'on avait ici pour but de glorifier, d'une ancienne et honorable amitié ; puis ensuite parce qu'à cet écrit sont jointes des notes, dont il nous a paru utile de prendre date.

Le discours en question n'a pu obtenir les honneurs de la séance, attendu que le programme de l'administration, avait sévèrement et avec raison, cru devoir borner la coopération des trois sociétés savantes conviées, aux seuls discours de chacun de MM. les présidents, chargés de les représenter. D'un autre côté, la musique et la poésie avaient rencontré de dignes et éloquents interprètes; cette dernière surtout, dans la personne de l'un des jeunes professeurs de notre collége, M. Daillère, qui avait été admis à parler au nom de la jeunesse, et qui l'a fait ainsi qu'il nous y a habitués depuis long-temps, dans une ode digne en tout point, et du sujet et de la circonstance.

Quant à nous, et d'après les considérations précédentes, nous croyons devoir réclamer toute l'indulgence du lecteur, à qui nous dirons en outre, que ce discours fut pour ainsi dire improvisé, en présence de l'inaction à laquelle semblait s'être volontairement condamnée la Société d'Agriculture, Sciences et Arts, dont nous avons l'honneur de faire partie; de telle sorte que quelques jours à peine avant la solennité en question, cette Société n'avait absolument pris aucune mesure, pour répondre à l'appel que depuis long-temps lui avait adressé l'administration municipale. C'est donc sous le patronage de cette Société, que nous publions une œuvre dont elle a reçu avec bienveillance la communication première, et qu'elle a cru devoir honorer de sa protection; c'est en outre une faible et tardive réparation, que nous devons encore à l'un des premiers magistrats de la cité, dont l'indulgence extrême est allée jusques à vouloir conserver en ses mains l'un des premiers exemplaires incorrects et incomplets, que nous avions eu mission de lui communiquer dès l'origine.

N. B. *Il nous semble indispensable ici et pour l'intelligence du sujet, et pour les personnes étrangères entre les mains desquelles cet écrit pourrait tomber, de rappeler en peu de mots l'esprit et le but de l'inauguration dont il s'agit. L'administration municipale, voulant rendre hommage, et payer un tribut de reconnaissance digne et d'elle et de lui, à l'artiste que la ville d'Angers a vu naître, et dont elle a si libéralement encouragé et guidé les premiers pas; tandis que de son côté, David, non moins reconnaissant n'a cessé de lui dédier, et de lui consacrer d'abord, et ses premiers succès et ses premiers travaux, puis ensuite et successivement tous les doubles ou les modèles des innombrables et remarquables chefs-d'œuvre dont il a partout doté et la France et l'étranger : l'administration, disions-nous, avait décidé qu'une galerie portant le nom du statuaire angevin, et exclusivement consacrée à ses œuvres, serait inaugurée au Muséum d'Angers, à l'époque indiquée : et afin de donner à cette cérémonie toute la pompe et tout l'éclat qu'elle réclamait, elle avait convié à cette solennité avec les autorités locales et les diverses Sociétés savantes, des députations de toutes les écoles, colléges et institutions quelconques, s'occupant des sciences, des lettres et des arts. C'est au sujet de cette inauguration dont le compte-rendu officiel a paru dans un procès-verbal publié par l'administration, qu'ainsi que les autres, ce discours a été composé. A quelques exceptions près, l'auteur n'a cru y devoir signaler que les sujets de grande statuaire, parmi les œuvres si remarquables et si nombreuses qui peuplent notre galerie David.*

DISCOURS

SUR

L'INAUGURATION DE LA GALERIE DAVID.

Dᴀᴠɪᴅ, honneur à toi que nos murs ont vu naître...[1]
Dont le ciseau n'a plus de rival et de maître...
Et dont le nom s'étend, et brille avec éclat...
Partout ou les beaux arts ont illustré l'état !...

A toi notre cité toujours reconnaissante !...
A toi dont le génie, et la main bienfaisante,
Des œuvres de ton art ont enrichi ces lieux,
Et peuplé de grands noms... d'anciens et nouveaux dieux...

Nos temples, nos palais, nos jardins, nos musées!...
Ces libéralités si désintéressées...
Chaque jour on les voit se répandre à l'envi,
Et chaque jour l'on voit avec un œil ravi...

Tous ces grands monumens dont tu dotes la France...
Et ta ville avant tout, dans ta munificence!...
France seule, ai-je dit? non tu ne bornes pas
Aux seuls noms du pays... dont un noble trépas...

Des vertus, des bienfaits, une œuvre de génie...
Ont laissé la mémoire ou célèbre ou bénie...
Le tribut de ton art... l'honneur de ton ciseau!
Chez les peuples anciens... chez le peuple nouveau...

Chez l'étranger enfin, tout aussi bien qu'en France...
Ton marbre immortalise... et rend à l'existence...
Tous ces noms révérés parmi les nations...
Dont le monde attendait les restaurations!...

C'est ainsi qu'on a vu revivre la mémoire...
Renaître les vertus, et raviver la gloire;
De ces héros divers... de ces grands citoyens...
Dont quelques-uns aussi sont nos concitoyens!...

Voyez autour de vous cette élite immortelle...[2]
Près de qui s'inspirait un nouveau Praxitèle !...
Voyez-les se dresser ici de toutes parts...
Quels plus grands noms pourraient s'offrir à vos regards ?

De vertus... de talents... quel brillant assemblage...
Quel plus noble concours de gloire et de courage !...
Voyez princes et rois... guerriers et magistrats...
Poëtes... orateurs... et savants et prélats...

Ensemble confondus dans la même pensée...
Revivre dans leurs faits, et leur grandeur passée !...
Cet asile est pour eux un autre Panthéon,
Dont l'histoire avant nous, a gravé le fronton !...[3]

Tout des premiers on vit... sur ces rives de Loire
Témoins de sa valeur, de sa mort, de sa gloire...
Cet illustre Bonchamps...[4] vertueux citoyen...
Qui vécut en héros... et mourut en chrétien !...[5]

Ah ! l'art qui s'inspira... de cette ame inspirée...
Avait à s'acquitter d'une dette sacrée !...[6]
Aussi le dirons-nous... de son fécond ciseau...
Rien ne sortit jamais... de plus vrai, de plus beau !...

Veillez bien sur ce marbre... ô Religion... ô France...[7]
Vous symboles de foi, de gloire et d'espérance!...
Puis venaient tour à tour, peupler notre cité...
D'abord notre ancien duc... ce tant bon roi René...[8]

Si valeureux... si grand... si pieux... si débonnaire...
Dont le règne est si plein... de grandeur... de misère...
De combats... de plaisir... de chagrins et d'amour!..
Qui vécut si long-temps, pour se trouver un jour

Privé de ses états... privé de sa puissance...
Banni de son pays... en proie à l'indigence...
Et qui se consolait dans le sein des beaux arts...[9]
Des caprices du sort... et de tous ses hasards!...

N'ayant d'autres regrets... que ses bords de la Maine...
Ses Angevins chéris... son paternel domaine!
En Provence, en Anjou, sa mort fut un grand deuil...
Et l'on s'y disputa l'honneur de son cercueil!...

Mais Angers l'emporta... chez nous son cœur repose....
En attendant le jour d'une autre apothéose...[10]
Puis roi sage et prudent... le pieux Saint Louis...
Au courage... aux vertus... de nos jours inouis!...

Aussi grand dans les fers... sur les plages d'Afrique..[11]
Qu'en rendant la justice, au pied du chêne antique !..
Ce roi martyr... «(fils de Saint Louis montez au ciel !)»[12]
Dont l'ignoble échafaud, fut un sublime autel...

Offert en holocauste, aux malheurs de la France ...
Stupide en son erreur... barbare en sa vengeance !..[13]
Puis ce prince galant... noble et preux chevalier...
Ce protecteur des arts... le roi François premier !...

Et puis, moins ce grand roi [14] d'immortelle mémoire...
Ces noms dont le grand siècle a retracé l'histoire...
Et Racine et Condé... Corneille et Fénélon...
Et tous ces dieux géants, d'un autre Panthéon !

Puis les géants du jour... divinités nomades...
Intrépides Titans... vigoureux Encelades...
Les premiers sur ces monts, que la presse entassa;
Comme leurs devanciers... Pélion sur Ossa !...

Delavigne et Goëthe... Hugo... De Lamartine...
Byron... Lady Morgan... et plus d'une Corinne !...[15]
Puis cet autre Amphion dont le luth inspiré...[16]
Seul releva les murs de la sainte cité !...

Talma... type accompli de l'art de Melpomène...
Ce sublime inspiré... ce géant de la scène...
Avec qui descendit, dans le même tombeau...
La tragédie en deuil... éteignant son flambeau !...

Et puis de ces beaux arts... enfants de la nature...
Des disciples chéris la vivante figure !...
Gros, Gérard et Vernet... Tieck et Paganini...
Le divin Maëstro... le fécond Rossini...

Dont les savants accords... la riche mélodie...
Ont en France introduit leur céleste harmonie !...
Enfin ceux qu'on a vus dans les camps, au sénat...
Ou discuter les lois... ou défendre l'état !...

Ces mille noms rivaux, et de Rome, et de Sparte...
Tribuns... Consuls... Césars... avant tous Bonaparte !...[17]
Chénier... Monge... Tracy... Grégoire et Condorcet...
Dumouriez... Saint-Cyr... et Lefèvre et Suchet !...

L'éloquent Lamennais... en vain prêchant au monde...
Une théocratie en libertés féconde !...
Arago[18] ... Lafayette avec Armand Carrel...
Trinité libérale au politique autel !

Foy... ce grand orateur... ce foudre d'éloquence...
Dont la voix s'inspirait des gloires de la France !...
Qui puisa dans les camps... la mâle et noble ardeur...
Dont frémissait son ame... et palpitait son cœur !...

La patrie honorant ce citoyen célèbre...
Paya de ses deniers son monument funèbre !...[19]
Puis tant d'autres encore à ma plume échappés...
Par le marbre en ces lieux... tous réhabilités !...

Bentham... Riquet... Cuvier dont le savoir immense...
Surprit à la nature, et secrets et puissance !...
Bichat... Percy... Portal... notre Ambroise Paré...
Providence des camps... intrépide Larrey...

Qu'on ne peut séparer du brave Desgenettes...[19 bis]
Du plus noble des arts... éloquents interprètes !...
Vous que son bronze attend... Papin[20] et Guttemberg[21]
Vous les plus puissants rois du moderne univers...

Dont les inventions... étonnantes... sublimes...
Du monde vont changeant les lois et les maximes !...
Apôtres de la science et de l'humanité...
DAVID... grava vos noms à l'immortalité !...

Du berceau des beaux arts... de cette Grèce antique...
Son génie exhuma, le beau temps héroïque !...
Quand parmi ses débris... ses monuments épars...
Ses marbres mutilés... ses chefs-d'œuvres des arts...

Son ciseau fit surgir ces œuvres immortelles...
Dignes des plus beaux jours, de Phidias et d'Apelles !...
Philopemen... Ulysse... et la chaste Pallas !...
Otryades blessé... puis Epaminondas !...

Vous qu'on dirait ravis à la célèbre école...
Dont il reflète ici, la brillante auréole !...
Et vous qu'il illustra... mânes de Botzaris...[22]
De l'un de ces héros... tels que les Canaris...

Les Maurocordatos... et tant d'autres encore...
Qu'au cri de liberté, la Grèce vit éclore !...
Nouveau Pigmalion... tu dérobas au ciel...
Ce feu pur et sacré dont jusque sur l'autel.

Du Dieu juste et sauveur... tu fis briller l'image !...
David... ton Christ mourant est un sublime ouvrage !...
Comme au pied de sa croix[23] Magdeleine et saint Jean...
De la douleur humaine un modèle éclatant !...

Même sens... même esprit... dans ta sainte Cécile...[24]
Cette innocente vierge au corps frêle et débile...
Si puissante et si forte en face de la mort...
Dont la lyre divine... exalte un saint transport!...

C'est bien là l'art chrétien...[25] ce spiritualisme...
Contre qui lutte en vain... un nouveau Panthéisme!...
Il nous reste à parler de nos cruels malheurs...
Des pertes de l'Anjou... de nos propres douleurs...

De ces maux du présent réalités amères...
Que l'on recouvre en vain, de ces fleurs funéraires!...
Nous tous amis, parents, rivaux, contemporains...
Epanchons entre nous... nos regrets... nos chagrins!...

Tous ils étaient les fils de nos belles provinces...
Et leur berceau ne fut... ni de rois... ni de princes!...
Simples enfants du peuple, élevés comme lui...
Leurs talents... leurs vertus... n'en ont que plus relui!...

Volney... Proust... et Bodin... et toi Larevellière...
Que la terre vous soit... et propice et légère!...
Et toi si regretté... grave et savant Béclard...
Toi jeune infortuné... trop malheureux Billard...

Toi si laborieux... et si docte avant l'âge...
De vos concitoyens... ah! recevez l'hommage !...
En s'immortalisant... à la postérité...
DAVID aura transmis votre célébrité !...

Nous, nous venons ici... dans ce pieux sanctuaire...
Ce nouveau Panthéon de notre statuaire...
Payer un saint tribut de respect et d'amour...
A tous les noms fameux, proclamés en ce jour !

Un tribut d'enthousiasme, et de reconnaissance...
Au sculpteur angevin... à sa munificence !...
Honneur et gloire à vous, magistrats citoyens!
Vous comprîtes aussi par quels puissants moyens...

L'art peut civiliser... pacifier le monde !...
Combien sa source est pure... et sa marche féconde...
Puisque sans s'occuper ni des temps ni des lieux...
Il va chercher partout... ses héros... et ses dieux !...

FIN.

NOTES.

NOTE 1. DAVID, honneur à toi que nos murs ont vu naître...

DAVID (Pierre-Jean), naquit à Angers le 12 mars 1789, d'un père artiste et sculpteur comme lui, et qui a laissé parmi nous des objets d'art et d'ornementation, aussi délicats que remarquables.

2. Voyez autour de vous cette élite immortelle...

Cette invocation est supposée faite au milieu de la galerie David, et au moment de l'inauguration.

3. Dont l'histoire avant nous a gravé le fronton...

Allusion aux nombreux et remarquables travaux de David, allusion qui à l'occasion pourrait servir d'appel ou de programme, à tel ou tel fronton introductif de notre galerie.

4. Cet illustre Bonchamps, etc.

Le tombeau de Bonchamps, l'une des plus remarquables productions du ciseau de David, est placé dans le chœur de l'église de Saint-Florent-le-Vieil ; l'un des points les plus élevés et les plus pittoresques des bords de la Loire, à mi-route à peu près d'Angers à Nantes, sur la rive gauche. Ce fut en ce lieu qu'expira des blessures, reçues à la bataille de Cholet, le généralissime de l'armée catholique et royale ; ce fut dans ce même lieu aussi, que cette armée passa de la rive gauche sur la rive droite pour opérer sa jonction avec la Bretagne, le 18 octobre 1793. Le monument en question fut élevé au moyen d'une souscription nationale à laquelle tout le monde s'associa dans le tems, sans aucune acception de parti.

5. Qui vécut en héros... et mourut en chrétien...

Tout le monde connaît aujourdhui l'action héroïque et sublime qui couronna si glorieusement la carrière de M. de Bonchamps. A ces mots tout palpitants de religion et d'humanité : « *Grâce, grâce aux prisonniers, c'est Bonchamps qui l'ordonne*, » les armes tombèrent aussitôt des mains des soldats irrités ; et 5,000 prisonniers républicains qu'on allait massacrer par représailles, et immoler aux mânes de tant d'innocentes victimes, furent arrachés à la mort, respectés, et pour la plupart renvoyés dans leurs foyers. Certes, et l'antiquité et les fastes de notre histoire, nous offrent peu de faits, que l'on puisse comparer à tant de vertu et de grandeur d'ame. (Voir à ce sujet l'histoire et les journaux du tems ; et les vers de l'auteur sur l'inauguration du tombeau de Bonchamps, Angers, 1825.)

6. Avait à s'acquitter d'une dette sacrée...

Une controverse vive et passionnée s'éleva dans le tems, au

sujet du plus ou moins de véracité du fait ci-dessus. L'attestation d'un certain nombre d'honorables citoyens de Nantes, qui étaient au nombre des prisonniers en question, fut un éclatant hommage rendu à la vérité. Voici venir aujourd'hui l'auteur du monument, notre artiste lui-même, qui déclare dans une note biographique récemment publiée, que son père qui le lui a cent fois répété, était au nombre de ces prisonniers sauvés. C'est ce fait et sa proclamation officielle et récente, auquel l'auteur a voulu faire ici allusion.

7. Veillez bien sur ce marbre, ô Religion, ô France!...

Au pied du monument l'artiste a placé la Religion et la France; la première, tenant à la main la croix symbole de la foi catholique; la seconde une branche de lys, symbole de la foi monarchique française.

8. D'abord notre ancien duc... ce tant bon roi René.

René, duc d'Anjou, comte de Provence, roi de Naples, de Jérusalem et d'Aragon, duc de Lorraine, etc.

9. Et qui se consolait dans le sein des beaux arts.

L'histoire nous peint le roi René, non seulement comme un prince puissant, et comme un chevalier sans peur et sans reproche; mais encore comme un prince des plus distingués par les qualités de l'esprit et du cœur; et cultivant presque tous les beaux arts avec un égal succès, dans un siècle où la plupart se trouvaient encore dans l'enfance, et où les princes se piquaient peu de contribuer à leurs progrès, et à leur splendeur. Le bon roi René, nous dit son laborieux et savant historien M. le comte de Villeneuve-Bargemont, était à la fois peintre, poëte et musicien, ses œuvres en font foi; en peinture particulièrement il fut l'un des premiers à se servir de la peinture à l'huile, que nous devons à Jean de Bruges, son contemporain, et dit-on, son maître et son ami.

13. En attendant le jour d'une autre apothéose.

La Société d'Agriculture, Sciences et Arts d'Angers, a décidé sur la proposition de l'un de ses membres, M. de Beauregard, que le tombeau du roi René, détruit à l'époque de la révolution, serait réhabilité dans les lieu et place, qu'il occupait dans la cathédrale de Saint-Maurice d'Angers, par ses soins et sous son patronage. Conformément à cette initiative, cette Société a cru devoir solliciter en même tems le concours du gouvernement et des administrations locales, qui répondant à ce noble et généreux appel, se sont empressés de nous offrir leurs subventions. David, consulté des premiers aussi sur la nature et le caractère du monument, dont l'exécution devait tout naturellement lui être confiée; après avoir applaudi et encouragé ce projet, et donné son opinion à ce sujet, opinion qui il faut le dire ici en passant, est positivement contraire à celle qu'une polémique récente lui a prêtée si gratuitement; s'est empressé de mettre à la disposition de sa ville natale (avec ce zèle et ce désintéressement dont depuis long-tems il nous a donné tant de preuves) et son admirable talent, et son dévouement tout patriotique. Espérons donc que personne désormais, ne voudra manquer à la mission qui lui est confiée, et que nos concitoyens aidant, nous verrons bientôt reparaître dans notre vieille basilique, ce précieux monument d'art élevé à la mémoire de l'un des princes, qui sous tous les rapports, ont fait le plus d'honneur à l'Anjou, ainsi qu'à leur siècle.

14. Aussi grand dans les fers... sur ces plages d'Afrique...

Il y a plus de six cents ans, que sur ces mêmes côtes d'Afrique où nos soldats combattent si héroïquement aujourd'hui, pour la conservation et l'agrandissement de l'une des plus glorieuses conquêtes de nos tems modernes; d'autres Français, ayant à leur tête un roi de France, mouraient eux aussi; mais seulement pour une cause sainte et sacrée! Ce roi c'était Saint Louis dont la magnanimité et la pieuse résignation, en imposaient tellement aux chefs barbares de ces hordes musulmanes; que vaincus et soumis par l'admiration qu'il sut leur inspirer, non seulement ils le choisirent pour arbitre, mais, dit l'histoire, allèrent jusqu'à lui offrir une couronne, qu'il refusa; pour l'échanger en mourant contre celle du martyre!

12. Fils de Saint Louis, montez au ciel...

Ces admirables paroles du confesseur de Louis XVI, ont été traduites en marbre, par Bosio; qui d'un seul bloc a fait sortir ensemble, et le roi martyr à genoux implorant le ciel, et un ange aux ailes éployées, lui en montrant du doigt la route. Cet admirable monument de notre Canova français, est aujourd'hui placé à Paris, dans un des côtés de la chapelle expiatoire, érigée dans le lieu où furent retrouvés les restes des deux royales victimes. Nous devons aussi à David, un buste de Louis XVI dont il a fait don à notre galerie.

13. Stupide en son erreur... barbare en sa vengeance...

Il est bien entendu que la France dont il s'agit ici, est la France officielle et gouvernementale d'alors, qui couvrait la France de sang et d'échafauds : quant à la véritable France, quant au peuple proprement dit, la tradition et l'histoire sont d'accord pour nous apprendre qu'on s'en défiait tellement, que les meneurs de l'époque firent tous leurs efforts pour empêcher le sursis et l'appel au peuple, qui certes n'eût pas fait périr son roi sur l'échafaud.

14. Et puis moins ce grand roi... d'immortelle mémoire...

Ce vers est un simple regret exprimé par l'auteur, de n'avoir pas vu David consacrer son ciseau à reproduire la figure du grand roi Louis XIV.

14. Et plus d'une Corinne...

L'auteur laisse au lecteur à choisir parmi les illustrations féminines dont David a reproduit les traits.

16. Puis cet autre Amphion... dont le luth inspiré...

Chateaubriand dont les immortels écrits ont si puissamment contribué au rétablissement de la religion en France, ainsi qu'à sa propagation dans toutes les parties du monde civilisé.

17. Avant tous Bonaparte...

L'auteur a cru devoir respecter l'omission de l'artiste dont le ciseau a plusieurs fois reproduit la figure de Bonaparte Général et Consul... Il regrette encore qu'il n'ait pas plus reproduit la figure du grand empereur, que celle du grand roi ; de Napoléon, que de Louis XIV.

18. Arago, etc.

Il serait injuste de supposer que l'artiste n'a voulu reproduire en ce lieu que l'homme politique ; ainsi que nous assurément il a eu l'intention de rendre un hommage égal et à l'opinion loyale et consciencieuse, et à l'homme de talent qui dans les sciences les plus élevées occupe l'une des premières places et fait autorité partout.

19. Paya de ses deniers son monument funèbre...

Le tombeau du général Foy, l'un des plus admirables chefs-d'œuvre de David, fut élevé aux frais d'une souscription nationale, qui fut assez abondante d'ailleurs pour doter ses enfants, ces illustres orphelins que la France adopta.

19. *bis*.............. intrépide Larrey...
Qu'on ne peut séparer du brave Desgenettes...

MM. Larrey et Desgenettes firent ensemble partie de l'immortell et glorieuse expédition d'Egypte, à laquelle par le secours de leur art ainsi que par leur courage ils rendirent les plus grands services.

20. Vous que son bronze attend... Papin...

Grâce à la savante et irrécusable notice publiée, il y a déjà quelques années par M. Arago dans l'Annuaire du Bureau des Longitudes, il est maintenant universellement reconnu tant en France qu'à l'étranger, que l'admirable et importante invention de la machine à vapeur et de son application à la navigation en particulier, que tout des premiers nous attribuïons avec une bonhommie sans exemple à MM. les Anglais et Anglo-Américains ; est d'invention toute française et appartient uniquement et sans conteste à Denys Papin, né à Blois. L'auteur de cet écrit (M. le docteur Hunault de la Peltrie d'Angers), ne trouvant pas encore cette réhabilitation assez complète, et craignant qu'ainsi que par le passé elle ne restât enfouie dans les archives de la science, de manière à nous être encore disputée un jour ; proposa à MM. les administrateurs et membres des sociétés savantes de Blois, de couler en bronze ladite réhabilitation d'une manière aussi nationale que populaire, en élevant un monument à Denys Papin, à Blois même, sa ville natale. Cette proposition fut dès-lors accueillie avec enthousiasme et officiellement mise à l'ordre du jour par des délibérations, des subventions spéciales, et un appel fait à tous les amis de la gloire et de l'honneur national. Cet honorable projet vient de recevoir encore plus d'éclat et de retentissement à l'occasion de l'inauguration à Blois du bateau à vapeur inexplosible *le Papin*. L'auteur de la proposition, qui a eu l'honneur d'assister comme député de l'une des sociétés savantes d'Angers à cette solennité aussi touchante que patriotique : a réussi lors de son passage à Paris à intéresser à l'œuvre si française quelques-uns de MM. les ministres, qui lui ont promis leur appui dans le cabinet pour la faire déclarer nationale et la faire traiter comme telle, lorsque la demande leur en aurait été officiellement et administrativement faite. David a qui nous communiquâmes ce projet et l'intention dans laquelle on était de le charger de ce monument, nous répondit à son tour qu'il s'y sentait tout dévoué, et qu'il en accepterait l'hounorable mission sitôt que la demande lui en aurait été adressée par qui de droit (la commission centrale).

21. Et Guttemberg...

La statue de Guttemberg dont nous avons ici le modèle, doit être bientôt coulée en bronze, pour être placée à Strasbourg, non ainsi qu'on l'a dit lieu de sa naissance qui est Mayence ; mais ville où existent encore, et nous les avons vues, les premières presses en bois dont il se servit. A l'occasion de la solennité qui doit avoir lieu pour l'inauguration de ce monument, inauguration que l'artiste lui-même, ainsi que la commission centrale, nous avaient promis de faire concorder avec l'époque de réunion annuelle du congrès scientifique de France : l'auteur proposa au congrès qui a eu lieu au Mans, en septembre dernier, et ce après en avoir exhibé la demande officielle faite par la commission susdite au nom de la ville de Strasbourg, de réunir le prochain congrès dans cette dernière ville, afin de faire concorder deux solennités qui en dernière analyse avaient le même objet pour but : la glorification de la science, dans l'hommage rendu à la personnification la plus éminente et la plus positivement incontestable, à l'un des plus grands bienfaiteurs de la science universelle, à l'inventeur de l'imprimerie, à Guttemberg. Eh bien! nous le dirons à regret, ou cette proposition ne fut pas comprise, ou des considérations étrangères aux intérêts ainsi qu'aux vérités de la science, prévalurent; notre proposition fut repoussée par une faible majorité, il est vrai, contre une minorité où nous nous sommes plu à reconnaître tous nos honorables collègues, les vétérans des congrès, et les notabilités scientifiques de tous les pays : en cela on n'a pas même su, en abdiquant si extraordinairement la mission scientifique et morale que les circonstances imposaient ici si impérieusement, imiter l'étranger, qui lui au contraire a subordonné avec tant d'intelligence et d'opportunité la session du congrès scientifique italien à Pise, à l'inauguration du monument que l'Italie élève à la mémoire de Galilée!

22. Mânes de Botzaris...

La Grèce régénérée doit au ciseau de David le tombeau de Botzaris expirant, martyr de la liberté et de la Panagia (Sainte Vierge) ; ainsi que Canaris après avoir reçu la sainte hostie des mains du patriarche, s'élançait sur son brûlot, prêt à rendre son ame à Dieu, et à léguer son nom à l'histoire.

23. David, ton Christ mourant...

Ce chef-d'œuvre de statuaire religieuse, ainsi que les deux statues dont il est fait ici mention, sont placées dans une des chapelles latérales de la cathédrale de Saint-Maurice d'Angers.

24. Dans ta Sainte Cécile...

Cet autre chef-d'œuvre qui renferme en lui toute la grâce et tout le charme de la statuaire grecque, unis à tout ce que le spiritualisme religieux et chrétien ont de plus touchant et de plus sublime, est placé dans le chœur de la même cathédrale. (Voir la cantate de l'auteur sur l'inauguration de Sainte Cécile, Angers, le 22 novembre 1838).

25. C'est bien là l'art chétien..

Nous ne pouvons terminer ces notes sans faire remarquer ici ce dont le public est pénétré depuis long-temps, c'est la flexibilité du talent et toutes les ressources dont semble doué le génie du statuaire angevin. Soit en effet que son ciseau ait à traiter des œuvres classiques des sujets appartenant aux écoles grecques ou italiennes des différente époques ; il se retrouve à la même hauteur, il révèle la même inspiration et la même supériorité, que dans la statuaire historique ou religieuse, de nos époques contemporaines. Nous devons l'avouer néanmoins, notre artiste nous semble plus à l'aise lorsqu'il a à traiter des grandes individualités et des grandes personnifications historiques appartenant surtout à nos temps modernes. Son ciseau semble s'y jouer et s'y complaire, son esprit et son ame s'en pénétrer et s'en préoccuper plus vivement encore : c'est véritablement pour lui un culte, que parfois il nous semble pousser jusqu'à l'idolâtrie, on ne peut l'en blâmer et s'en plaindre, c'est cette fièvre ardente, c'est ce délire, c'est ce feu sacré qui doit enivrer et soutenir l'artiste. Si ces émotions venaient à s'éteindre, si l'illusion était détruite, adieu les arts et leurs chefs-d'œuvre ! C'est ce dont devraient bien se pénétrer tous ceux qui ont mission de les juger et de les apprécier. Pour nous, nous admirons et nous nous prosternons, humbles et indignes que nous sommes !

FIN.

ERRATUM. Page 8, vers 6, au lieu de Philopémen, lisez Philopœmen.

www.ingramcontent.com/pod-product-compliance
Ingram Content Group UK Ltd.
Pitfield, Milton Keynes, MK11 3LW, UK
UKHW021035260726
13994UKWH00005B/2162

9 782329 391816